JULIO CARO BAROJA

El Señor Inquisidor

Francesc Ausiàs. Marc. Oliva 1994

Alianza Editorial

Diseño de cubierta: Ángel Uriarte
Ilustración de cubierta:
«Acto de fe presidido por Santo Domingo de Guzmán»
Fotografía: Oronoz

© Alianza Editorial, S. A. Madrid, 1994
Calle J. I. Luca de Tena, 15, 28027 Madrid; teléf. 741 66 00
ISBN: 84-206-4620-2
Depósito legal: B. 4.705-1994
Impreso en NOVOPRINT, S.A.
Printed in Spain

A *«Itzea»*

1. La Inquisición sin inquisidores

Mucho se ha escrito acerca de la Inquisición española y más aún sobre la Inquisición en general. Para cantidad de personas, la existencia prolongada del Santo Oficio ha sido el obstáculo más difícil de salvar en un examen objetivo del Catolicismo. Por otra parte, desde el siglo XVI encontramos no sólo detractores sistemáticos de aquel tribunal ajenos a la fe, sino también católicos sinceros que, cuando menos, discuten o no están de acuerdo con algunos de sus procedimientos y con las derivaciones y consecuencias de éstos. No hay que ser protestante o judío para hallar injustificados o peligrosos procedimientos, tales como el del

7

secreto en las denuncias o las penas trascendentes; lo que de modo más o menos velado o claro se dijo contra la Inquisición en el siglo XVI se convirtió en teoría o teorías profesadas públicamente a fines del siglo XVIII, a veces por hombres de fe indudable, como Jovellanos. Otras, por hombres indecisos en ella. Más tarde, los liberales y librepensadores divulgaron imágenes terroríficas de la Inquisición, y los ultramontanos respondieron a los ataques violentos con apologías más o menos sinceras, pero también impregnadas de romanticismo declamatorio y gesticulante. Del alegato histórico-jurídico del canónigo Llorente, seco y frío producto de la cabeza dieciochesca de un antiguo empleado del Santo Oficio, al neoescolástico de Ortí y Lara hay la misma distancia que existe entre las ideas de Menéndez Pelayo y las de los diputados reformistas de las Cortes de Cádiz, poco más o menos. En nuestros días la tradición menendezpelayesca ha tenido mucha fuerza, por razones que es excusado recordar, en España, claro es. Fuera, las cosas se han visto de modos muy diversos. Aún hay secuaces de la interpretación que pudiéramos llamar popular protestante de los actos del Santo Oficio; de la judaica también. No faltan otras con mayores pretensiones de modernidad y de rigor crítico.

Si personalmente me pudiera trasladar al siglo XIX, creo que estaría más cerca del canónigo riojano que del erudito montañés discurriendo sobre este y otros puntos. Pero cada cual es hijo de su época, y hoy, aunque parezca paradójico, algunos podemos encender una vela al canónigo y otra a su enemigo. Creo que Llorente fue un hombre de mucha mayor buena fe que lo que sostenía don Marcelino, y creo también que si don Marcelino hubiera vivido diez o doce años más habría dicho y escrito cosas muy contrarias a las que dijo y escribió a los veintitantos. Pero, en fin, no voy a lanzarme a la conjetura, y hay que aceptar los escritos como están y cargar la responsabilidad de ellos tanto sobre sus autores como sobre la ocasión en que escribieron.

Conocemos una serie de juicios sobre la Inquisición española de españoles y de extranjeros. Disponemos también de algunos libros densos, como el de Lea (con un aparato crítico *aparente* más grande que el *real)*, y otros más ligeros en que podemos estudiar los procedimientos y las vicisitudes del tremendo tribunal. Pero esto no nos basta. Cuando una disciplina empieza a tener pretensiones de científica, los que la cultivan procuran siempre reducirla a principios generales; bien sentados éstos, el hombre de ciencia casi nada más puede hacer, según opinión común. Pero esta manera de pensar y proceder, que aún tiene validez para muchos investigadores o averiguadores, desentona con lo más genuino y propio de nuestra época, que es —conforme a expresión memorable de Whitehead— el manifestar un interés vehemente y apasionado por la relación entre los *juicios generales* y los *hechos irreductibles y obstinados;* hechos como aquellos a que se refería William James y que tanto le dificultaban el trabajo al escribir sus *Principios de Psicología.*

En el campo de las Humanidades, la relación se presenta más dificultosa siempre. Vamos a admitir que sabemos mucho respecto a la Inquisición, en *principios generales;* vamos, incluso, a admitir que era un tribunal loable o detestable. Para el caso es lo mismo. Sabemos todo lo que deseamos saber respecto a su origen, organización, modo de proceder, delitos reales o supuestos sobre los que tenía jurisdicción, sus víctimas y su final... Hoy corren interpretaciones marxistas de la Inquisición y justificaciones nacionalistas de la misma. Los marxistas emplean los mismos datos que los nacionalistas... La Iglesia católica adopta una aptitud más reservada que nunca al enfrentarse con la actuación del tribunal en España, Portugal, Italia, América, etcétera.

Pero he aquí que el personaje más destacado en el mismo tribunal no aparece casi en las obras de apologistas, detractores, historiadores, críticos, etc., etc. Sólo los novelistas con instinto certero han hablado de él, pero sin profundizar o sin llegar a las últimas consecuencias. Este personaje al que aludo es el *inquisidor,* así, con minúscula. Del *Inquisidor* con mayúscula se ha hablado más. El *Inquisidor* por antonomasia puede ser Torquemada o el cardenal Cisneros. El *Gran Inquisidor,* un prelado menos conocido, un cardenal burocrático, como el cardenal Espinosa, don Fernando Niño de Guevara o el cardenal Zapata. ¿Pero quién es, cómo es el *inquisidor?* Desde fines del siglo XV a comienzos del XIX fue un personaje común en la vida española. En Toledo, en Sevilla, en Granada, en Cuenca, etc., se le veía pasear, departir con canónigos y letrados, con caballeros e hidalgos, con gentes más humildes o más encopetadas también. El inquisidor vivía una temporada más o menos larga como tal; antes y después de serlo ejercía otros cargos. A veces su carrera se estancaba. ¿Era una simple rueda en un engranaje de mecanismo complicado, sujeto sólo a principios generales, o se trataba de un ser con personalidad propia e irreductible? ¿Por dónde comenzaremos a estudiarlo: por lo que tiene de «funcionario», es decir, por su lado *general,* o por lo que tiene de hombre, con su *yo* propio? Claro es que parece que hemos de empezar estudiando la especie o el *genus inquisitorum,* aunque escojamos para ello unos ejemplos.

2. COMIENZOS DE CARRERA

Estamos en 1500, 1550, 1600... He aquí que en cierta ciudad, villa o aldea de España nace un niño en el seno de familia «honrada» de cristianos viejos o tenidos por tales, «sin mixtura de judíos, moros ni herejes». El niño es bastante despejado, tiene parientes en la clerecía y en la magistratura o es protegido por algún letrado, prelado o dignidad. Hasta cosa de los catorce años estudia lo que le es dado estudiar, sin salir del ámbito familiar: aprende a leer y escribir, algo de gramática y latinidad más o menos rudimentaria. Pero después, como los maestros dicen que vale para ello, ha de ir a cursar estudios superiores a una universidad. Largos años le esperan en ella (desde los catorce o quince hasta los veinticinco, poco más o menos), ejercitándose en la vida de las aulas.

De estas aulas españolas, y refiriéndose al siglo XVI, se ha dicho mucho bueno; con relación a los siglos XVII y XVIII, mucho malo, en verdad. Podemos aceptar que en las épocas de Carlos I y de Felipe II hubo en las universidades peninsulares copia de hombres eminentes. No podremos afirmar nunca que eran igualmente ponderados. Cantó fray Luis la descansada vida del que huye del mundanal ruido, pero pasó la suya en trincas, competiciones y sobresaltos, dentro de un espeso ambiente profesoral. Se ha execrado la memoria del maestro León de Castro y de fray Bartolomé de Medina, sus principales enemigos; pero la verdad es que fray Luis amenazó al primero con hacer quemar un libro que aquel viejo, un tanto maniaco, había compuesto con mucho desvelo e impreso con mucho gasto, y con el segundo (creador del probabilismo a lo que se dice y repite) tuvo altercados fuertes y frecuentes por rivalidades de orden y empleos. La universidad era escuela de violencia intelectual; en ella se desarrollaba una especie de *hybris,* de «valer más» intelectual, y las grandes figuras o los figurones (que también los había) movían a los estudiantes en un sentido u otro si querían salir del simple estado de merecer. La práctica de la delación estuvo a la orden del día, y del mismo fray Bartolomé de Medina sabemos que en alguna ocasión reunió a sus discípulos con objeto de hacerles denunciar proposiciones oídas en sus lecciones a otros maestros rivales y odiados.

No fue en esto excepción la universidad española. Pero por muy cristianos que se creyeran aquellos sabios dominicos, agustinos, franciscanos, jerónimos, etc., que brillaban en las cátedras de Humanidades y Derecho tanto o más que en las de Teología, hay que reconocer que sus grandes dotes no estaban acompañadas de puro espíritu evangélico. Pagó la universidad del XVI tributo a los éxitos terrenos con exceso; la de después se quedó convertida en una pobre caricatura. Los estudios eran más ocasión para organizar murgas y pandorgadas y para certámenes barrocos y gerundianos que para formar buenos y honrados profesionales.

He aquí, pues, a nuestro estudiante metido en danza universitaria, aprendiendo a ergotizar, a disputar, a clasificar y calificar conceptos... y a aguzar la oreja.

Aún ha de perfeccionar los latines, después oye «Derechos» durante cinco años, y aún pasa algunos más disputando conclusiones y opositando a puestos en colegios. He aquí, en suma, la carrera del joven universitario español de entonces y de ahora.

La cuestión en el siglo XVI, como en el XVII, como en el XVIII, el XIX y el XX, es sentar plaza de prodigio o, cuando menos, de joven que promete ante un público limitado e interesado. El colegial se hace licenciado en leyes, luego doctor, si tiene la oportunidad. Como colegial, ya *lee* en escuelas y desempeña cátedras, en propiedad o acumuladas. Algunos maestros viejos le ayudan y aun le alaban. Estas alabanzas son tenidas en cuenta, traídas y llevadas, incluso por escrito. El joven letrado tiene también inclinación a la Teología: ve acaso en la carrera eclesiástica un posible modo de ascender más seguro que ejerciendo de puro legista. He aquí un rasgo característico en su vocación o profesión, al parecer. Mas, en realidad, se trata también de un rasgo equívoco. Nos imaginamos a los viejos inquisidores medievales como a monjes de ardorosa fe, dispuestos a exterminar herejes por puras razones teológicas. El inquisidor de los siglos XVI y XVII, el inquisidor de oficio, no tiene este carácter apocalíptico. Un jurista italiano, Zanardo, había sostenido que los inquisidores deben ser más teólogos que juristas, puesto que han de juzgar proposiciones hereticales. Mas he aquí que ya en 1545 un joven cordobés que había de hacer una «brillante carrera» inquisitorial, recién nombrado calificador del Santo Oficio (don Diego de Simancas), al formar el borrador de un libro sobre *Derecho inquisitorial,* sostenía que, *por experiencia,* en España se había llegado a la conclusión de que «es más útil elegir inquisidores juristas que teólogos»; «y, por cierto, ellos más cosas deven hazer como juristas que como teólogos», corrobora un casuista famoso del XVII. La diferencia de criterio quedó como expresión de la modalidad inquisitorial italiana frente a la española. ¿Nos damos cuenta perfecta de lo que esto significa? He aquí un asunto fundamental al procurar entender el espíritu del Santo Oficio hispano. Claro es que el inquisidor, como juez, tiene asesores teólogos, especializados según los casos, que son responsables de los pareceres, de las «calificaciones». Pero si hemos de seguir a nuestro don Diego de Simancas, la experiencia española hacía preferibles los juristas a los teólogos en general al juzgar causas contra la fe. Con esto se da a entender que el inquisidor era o fue, ante todo y por encima de todo, *un hombre de leyes.* Ahora bien, en una época en que las disputas teológicas tenían encendida a Europa, el dejar en manos de hombres de leyes los negocios de fe pudo y, de hecho, tuvo sus ventajas y sus inconvenientes especiales. No hay que buscar más benevolencia hacia los herejes en textos jurídicos, como los de Simancas mismo u otros especialistas de la época en materias de represión legal de herejías, que en textos estrictamente teológicos. El hereje es una bestia venenosa. «Haeretici tanquam animalia venenosa et pestifera, antequam virus evomant, sunt puniendi.» He aquí un «pensamiento» de don Diego entre mil similares. Pero una cosa es el pensamiento y otra la praxis. El inquisidor llegaba a aquella magistratura después de bastantes años de experiencias previas relacionadas con su ministerio. Podía haberse ejercitado como *consultor* o *calificador* demostrando su saber, o como *fiscal.* De calificador empezó Simancas en su carrera dentro del Santo Oficio. Tiempo después otro colegial del mismo colegio de Santa Cruz de Valladolid, donde él estuvo, don Diego Sarmiento de Valladares, figura conocida de la época de Carlos II, salió del susodicho colegio para *fiscal* en Valladolid mismo, luego fue *inquisidor* en el mismo tribunal y más tarde, promovido a *consejero* de la Suprema. Después de nombrado obispo de Oviedo, lo fue de Plasencia e *inquisidor general,* cargo en que duró mucho. Ésta del prelado gallego, alabado por Feijoo, es una carrera excepcional, que hubiera envidiado el mismo Simancas. Pero lo más corriente era que el inquisidor, una vez que aceptaba el ordenarse, fuera canónigo o, al final, obispo, y que siguiera, como tal, ejerciendo algunas funciones inquisitoriales de las reputadas más altas, terminando en la Suprema como *consejero.*

Otro obispo de Badajoz (como también lo fue Simancas), el riojano don Juan Marín de Rodezno, nacido en Nájera en 1628, que desde adolescente tenía beneficios eclesiásticos, hizo su estudios en Granada, al amparo de un tío, don Francisco Marín, abad de Roncesvalles y presidente de la Chancillería. Colegial del Colegio Mayor de Cuenca en 1653, fue nombrado *fiscal* de la Inquisición de Córdoba en 1655. Después pasó a *inquisidor* de Granada misma, siendo *presidente* del tribunal de aquella ciudad durante varios años. Sólo en 1681 fue obispo de la diócesis citada, y como tal murió en 12 de enero de 1706, sucediéndole otro prelado que venía de presidir la Inquisición de Murcia. Siendo un hermano de Marín, llamado Francisco, inquisidor de Granada, también tuvo lugar el proceso memorable de un ermitaño, que, para avivar la devoción de la Virgen del Triunfo, cayó en la ocurrencia de colocar unos libelos infamatorios junto a la imagen en la Puerta de Elvira; don Francisco Marín dio una decisión sobre este asunto, celebrada por los tratadistas, por los juristas. Pero empecemos con el grado más bajo.

Considerar la actividad *fiscal* como una actividad *juvenil* indica cierta sabiduría práctica. El fiscal, o promotor fiscal, por lo común, no hacía más que sumar los testimonios de cargo, dándoles una contextura sistemática y aceptándolos como ciertos, «por oficio». El fiscal pedía las penas más fuertes posibles. Con frecuencia, la relajación al brazo secular, es decir, la muerte por hoguera. El fiscal debía saber bien los cánones, conocer los delitos y actuar en estrecha colaboración con los jueces, así como otros hombres de leyes y de oficio de quienes debemos hablar ahora algo, antes de proseguir.

Había en el tribunal provincial (al que ahora nos referimos) abogados y a veces procuradores de los reos. El abogado suele aparecer en los procesos como hombre de carrera más oscura, en general, que fiscales e inquisidores. Es también un defensor que no ejerce sus funciones con las posibilidades de los civilistas y criminalistas modernos. Se limita a asesorar al acusado en cuestiones de procedimiento, aconsejándole que confiese sus culpas lo más rápidamente posible o alegando atenuantes. A veces se atreve a hacer una refutación de los cargos fiscales, pero en menor proporción de lo que lo haría un defensor moderno en tribunales comunes. A lo que mejor se podría comparar es a un defensor en consejo de guerra sumarísimo.

3. El inquisidor de oficio

Según las normas seguidas por los inquisidores antiguos, el cargo no podían desempeñarlo hombres de menos de cuarenta años: «in ea aetate solent esse homines prudentissimi», leemos en un texto sobre el asunto. Pero al fin en España se llegó a rebajar la edad tope a los treinta. Esto, a mi juicio, indica una mecanización nueva del «cursus honorum», un modo de abrir horizontes en las carreras de la juventud estudiosa y ansiosa de cargos y prebendas en un Estado en emergencia. El inquisidor provincial, que tiene el tratamiento de «reverendísimo señor», trabaja con dos colegas por lo general. El más antiguo ocupa la presidencia. Se dan por sentadas su «scientia» y su «prudentia». Pero es curioso advertir que en varios tratados se hace particular hincapié en la *honestidad* y *probidad* con que deben vivir y actuar. Las mismas calidades que se requerían para la magistratura civil se pedían para la inquisitorial: sobriedad, modestia, paciencia, mansedumbre, diligencia, clemencia, culto acérrimo a la justicia... En tiempos de Felipe II se creó un tipo de magistrado que pretendía representar este ideal. Se cuenta que don Diego de Covarrubias, obispo de Segovia y presidente del Consejo de Castilla, al que retrató el Greco, tenía por costumbre convidar a almorzar a los pretendientes a cargos de la magistratura para probar cómo discurrían y actuaban, *después de comer,* en punto a modestia. Felipe II, por su parte, creyó siempre que acertaba en la provisión de cargos semejantes. Nos figuramos a los inquisidores como a hombres de tipo asténico, según la clasificación de Kretschmer; hombres de *estructura vertical,* no como tipos atléticos o pícnicos. Ello incluso por razón de datos profesionales. He aquí lo que leemos también:

«Los inquisidores y los otros ministros del Santo Oficio no sólo no pueden recibir dinero, sino tampoco cosas de comer y beber, so pena de excomunión, privación de oficio, restitución al doble y otras.» Ojo, pues, con los excesos. Los inquisidores —en efecto— trabajan con bastantes personas subordinadas de mayor o menor significado en su menester. Además de algunos vicarios foráneos, deben disponer de un notario que redacte las actas de las sesiones o audiencias, reciba y suscriba las denuncias y testimonios: todo en el mayor secreto. El cargo de notario era de tal responsabilidad, que en alguna ocasión se llegó a declarar la nulidad de un acta redactada por un oficial que no lo era. Otros empleados de la máxima confianza eran el *receptor* o *tesorero* del Santo Oficio y sus subalternos. Y aún quedan los porteros y nuncios, los empleados en las prisiones, con los alcaides a la cabeza, y los médicos, dejando a un lado a los familiares, que formaban una legión y de los que había alguno aun en la menor aldea, amén de un personal variable en cantidad y calidad, del que no hablan los tratados generales. Para ilustrar lo dicho con un ejemplo, indicaremos que en la Sevilla del siglo XVI los tres inquisidores en ejercicio estaban asistidos por un fiscal, un juez de bienes confiscados, cuatro secretarios, un receptor, un alguacil, un abogado del Fisco, un alcaide de las cárceles secretas, un notario de secreto, un contador, un escribano del juzgado del juez de bienes, un nuncio, un portero, un alcaide de la cárcel perpetua, dos capellanes, seis consultores teólogos, seis consultores juristas, un médico y una nube de subalternos. La importancia del tribunal no exigía menos; los cargos estaban regularmente pagados.

Cobraba el inquisidor de esta época hasta 100.000 maravedíes de salario anual, más de 50.000 de ayuda de costas y otras gabelas, frente al médico, que venía a percibir 50.000 maravedises o maravedíes. Cien mil maravedíes tenían de sueldo también los jueces de la audiencia designados por el rey a partir de 1525. Pero hay que advertir que si el inquisidor tenía, además, alguna canonjía, era poderoso de verdad, porque una canonjía sevillana suponía más de 2.000 ducados, lo que equivalía a muchos sueldos de inquisidor.

La vida del inquisidor transcurría repartida en dos actividades complementarias: normalmente, en la capital del distrito, celebraba por la mañana una audiencia; por la tarde, otra. Durante ellas recibía testificaciones e iba dando marcha a las causas pendientes. Pero en ocasiones salía a visitar el distrito mismo en visita de inspección o con comisiones extraodinarias, si había algo que las justificaba.

Grande era la jurisdicción de los inquisidores y mayor aún, si cabe, el número de delitos a los que se extendía. Muchos eran, en verdad, delitos que sólo por un lado podían ser considerados de fe.

Un teólogo del siglo XVI los divide así:

1. Herejía.
   a) proposiciones heréticas;
   b) proposiciones erróneas;
   c) proposiciones temerarias;
   d) proposiciones escandalosas.
2. *Resabios* de herejía
   a) apostasía de la fe;
   b) apostasía de las religiones en determinadas circuntancias;
   c) blasfemias hereticales en varias formas;
   d) cismas;
   e) adivinanzas y hechicerías;
   f) invocación de demonios, brujerías y ensalmos;
   g) astrología judiciaria y quiromancia;
   h) delito de los no sacerdotes que celebran misa o confiesan;

i) confesores solicitantes;

j) clérigos que contraen matrimonio;

k) bígamos;

l) menospreciadores de campanas y quebrantadores de cédulas de excomunión;

m) los que quedan en excomunión por un año;

n) quebrantadores de ayunos y los que no cumplen con Pascua;

ñ) los que toman en la comunión muchas hostias o partículas;

o) los que disputan casos prohibidos;

p) fautores, defensores y recibidores de herejes;

q) magistrados que decreten algo que impide la jurisdicción inquisitorial.

La Inquisición, en un comienzo, entendió en asuntos de usura, y algunos tribunales —como los de Portugal— atendían también a casos de sodomía. En España, durante el siglo XVII se quemó aun a los convictos de este vicio, y en punto a ello no faltan chistes sangrientos; pero se seguía procedimiento civil antiguo.

En algunos casos también los inquisidores podían ejercer su jurisdicción sobre judíos no bautizados, moros, etc. Claro es que esta tabla se aplicó de modo distinto, según los tiempos, y que a unos inquisidores les tocaron también, en conjunto, casos en proporción distinta a la que tocó a otros. La personalidad del inquisidor se agranda o se achica, se nos muestra más simpática o menos simpática, en función de lo que particularmente le cumple resolver. Es, justamente, en la manera de enfrentarse con algunos hechos en lo que cabe que el ejercicio de la profesión de inquisidor haya sido incluso provechosa. Por lo demás, la mayoría de los que ejercieron el cargo hasta mediados del siglo XVIII debieron morir sin dudar un momento respecto a su importancia y excelencia, incluso pagados del respeto un poco terrorífico que inspiraban y que dio lugar a algunos cuentos y anécdotas, como la del labrador, que al oír que un inquisidor alababa los frutos de un árbol que tenía en su huerto, lo arrancó y se lo mandó como obsequio o para no complicar sus relaciones. Sí: el señor inquisidor muere tranquilo y satisfecho de haber cumplido con su deber. Recordemos ahora uno de los momentos que parecen simbolizar mejor esta idea del deber cumplido. En la capilla de San Antonio, de la iglesia de San Vicente de la Barquera, existe una de las esculturas sepulcrales más hermosas que hay en España, de corte renacentista. Un hombre con traje talar yace sobre la urna mortuoria. Reclina la cabeza tocada de birrete, apoyando la sien sobre la mano derecha. Reposadamente, lee. En los ángulos de la urna, dos angelillos o geniecillos llorosos sostienen unas cartelas con estas palabras: «El que aquí está sepultado, no murió, / que fue partida su muerte para la vida». Al centro, un ángel sostiene el blasón de la familia fundadora de la capilla: los Corro. El mote del linaje familiar es típicamente norteño, montañés o vizcaíno: «adelante *por más valer* los del Corro». El sacerdote representado en la escultura fue en vida el licenciado don Antonio del Corro, canónigo e inquisidor de Sevilla, el cual murió el 29 de julio de 1556 a los ochenta y cuatro años, y que había sido nombrado inquisidor ya en tiempo de los Reyes Católicos, es decir, antes de los treinta y dos, puesto que la reina murió en 1504. Durante cincuenta y tantos años, el inquisidor asistió a audiencias, tormentos, autos de fe con quemas o sin ellas: fue testigo de muchas tragedias. Sin embargo, todo da sensación de placidez en torno a la imagen de este campeón contra la herética pravedad: su afición mayor fue, sin duda, la lectura cuando quiso que el escultor renacentista perpetuara su imagen leyendo. Y, en suma —por otro conducto—, sabemos que fue un inquisidor con cierta simpatía por el erasmismo, un poco anterior a los de la época tridentina, o filipina propiamente dicha, que dieron a la Inquisición española una impronta indeleble. El licenciado del Corro, que intervino en el proceso de Egidio y que tuvo un pariente protestante, es aún una figura del Renacimiento, como lo fueron otros inquisidores contemporáneos suyos: por ejemplo, fray Antonio de Guevara o el mismo gran inquisidor Manrique, arzobispo de Sevilla, que podían alternar la sonrisa y la burla con el terror y la represión.

A los primeros años de la actuación de Manrique como arzobispo de Sevilla corresponde, por ejemplo, aquella tremenda inscripción latina, compuesta por el arcediano Diego López de Cortegana, en que, entre otras cosas, se lee que en un período relativamente corto de la actuación del inquisidor abjuraron más de veinte mil herejes del nefando crimen de herejía y *más de mil obstinados fueron, por derecho, entregados al fuego y quemados*. El arcediano, que compuso la inscripción, colocada por mandato de Carlos I en la puerta del castillo de Triana en 1524, de donde fue luego trasladada, entretenía sus ocios traduciendo *El asno de oro,* de Apuleyo... y el arzobispo —como digo— pasó por hombre amable y de *condición suave,* gran protector de las letras también. No se imagina uno, en efecto, que en tiempos de Felipe II hubiera traductores de Apuleyo y lectores morosos de textos renacentistas entre los señores del Tribunal contra la herética pravedad.

4. Los consejeros y la Suprema

Creo que al llegar a este momento hay que hacer nuevas observaciones respecto a la carrera inquisitorial en su fase más elevada. Aparte y por encima de las inquisiciones provinciales funcionaba la Suprema. El presidente de ella era el Gran Inquisidor o Inquisidor general. Asistían a éste los consejeros, que se nombraban entre antiguos inquisidores provinciales o entre letrados y prelados conocidos por su experiencia. Por privilegio de Felipe III, fechado a 16 de diciembre de 1618, a partir de aquella fecha siempre había un dominico entre ellos.

Las causas más graves, las causas de apelación, las que ofrecían discrepancia de criterio, las que presentaban grandes dudas y las relativas a delitos de los ministros del Santo Oficio, se veían en la Suprema y ésta ratificaba las sentencias. Cada año también se recibían en ella los informes de las inquisiciones provinciales respecto a la marcha de las causas seguidas en ellas, el número de procesados, de presos, etc. Cada mes informaban respecto a asuntos económicos. Se reunía el Consejo (que era uno de los grandes del reino) los lunes, miércoles y viernes por la mañana; los martes, jueves y sábados, por la tarde; intervenían en las sesiones vespertinas dos consejeros de Castilla. Siempre que hubo negocios graves hubieron de trabajar en firme los consejeros. Así, en 1528, cuando se trató de resolver el negocio de las brujas de Navarra. Más tarde, a medida que se presentaban casos como los de los judaizantes de Murcia, dirigido por fray Luis de Valdecañas, o los luteranos de Valladolid (1588). Discutían los consejeros; votaban por orden de antigüedad, del más moderno al más antiguo. Había a veces juntas extraordinarias, en que participaban miembros de otros tribunales. Pero no todo el tiempo se invertía en negocios de esta índole. Fue el del Santo Oficio uno de los tribunales más discutidos en cuestión de preminencias, lugares y honores. Con los obispos, con las chancillerías y sus miembros, con los municipios, tuvo siempre graves y largos pleitos por asuntos de etiquetas y honores. Los inquisidores dan fe de la importancia que concedían a esto. Simancas se vanagloria de la rapidez con que llegó a ser de los que votaban en último lugar. Las pompas de los autos, las procesiones y otras ceremonias daban lugar a mil quehaceres ajenos a lo más específico en la función inquisitorial.

5. Una carrera insatisfecha

Generalmente, las figuras de inquisidores que nos son más conocidas a través de las historias son las más antipáticas o terroríficas. El caso más ilustrativo es el de Torquemada. En un grado inferior, como inquisidor provincial, el de Lucero o «Tenebrero», según le llamaron ya en su época. Pero éstos son todavía inquisidores no juristas; pasionales, podríamos decir. Fraile dominico el uno, organizó el Santo Oficio para dar paso a los letrados. El otro fue un sacerdote corrompido y vesánico. Las cartas de Pedro Mártir de Anglería nos lo indican de modo suficiente. Advirtamos también que, si sobre Lucero cayó pronto la reputación de hombre impuro en sus actuaciones, el juicio acerca de Torquemada de los españoles chapados a la antigua era muy distinto. De «sancto y venerable» lo calificó Esteban de Garibay: él mismo hizo que se restituyera su sepulcro a su lugar primitivo en tiempos del inquisidor Quiroga (a principios de 1586). Los beneficios producidos por el primer inquisidor general fueron enormes, según el honrado cronista, que deseaba haber podido levantarle un «túmulo de muchos millares de ducados, como fuera muy justo que se le hiziera». Pero dejemos al fraile simbólico.

Hay que avanzar un poco más en el tiempo para encontrar ya el tipo de español para el que los distintos grados de la carrera inquisitorial no suponen más que otros tantos peldaños en un «cursus honorum» que se ajusta a aquel proverbio castellano de «Iglesia, o mar, o casa real, quien quiera medrar»; porque muchos hijos de familias de simples hidalgos, y aun de villanos, alcanzaron a través de la Iglesia situaciones de excepcional importancia, y no pocos manifestaron de modo inequívoco su ambición e impaciencia en esta carrera hacia las cúspides.

De varios grandes prelados de la época de

Carlos I y Felipe II se cuentan, en efecto, anécdotas que reflejan grandes ambiciones jerárquicas. Por ejemplo, de don fray García de Loaysa, cardenal y arzobispo de Sevilla (del que otros anecdotarios recogen muchos cuentos que pintan su condición soberbia), dice Luis de Pinedo en el suyo que cuando obtuvo Siliceo la mitra de Toledo, le dieron la «Inquisición general» para *contentarle,* y que al ir unos caballeros a darle la enhorabuena, replicó, avinagrado: «Mas sea mucho de enhoramala que me han dado oficio con que os queme.» Para aquel prelado, el cargo de gran inquisidor era poco, sin duda. Del cardenal Espinosa, inquisidor general de la época de Felipe II, las anécdotas expresivas de ambición y soberbia no son menos abundantes. De otros las hay que indican fuerte apego a los bienes de este mundo. Del cardenal Quiroga, arzobispo de Toledo y gran inquisidor, también se contaba que en cierta ocasión en que venía al caso oyó decir a alguien: «Triste cosa es morirse un hombre y no irse al cielo». A lo que replicó: «Y aunque vaya». El gran prelado de la época filipina es, por lo general, gran ambicioso y gran autoritario. La excesiva complacencia o satisfacción de sí mismos que reflejan los dichos populares la manifiestan también documentos y monumentos de mayor significación en la vida del hombre.

El inquisidor de la época filipina, como un virrey, un capitán general, un secretario de Estado o un gran hombre de negocios de la misma época, siente la necesidad de construir su palacio.

He aquí que ha pasado el tiempo de levantar casas-torres o castillos-palacios. Hay que erigir palacios suntuosos. En Martín Muñoz de las Posadas (Segovia) erigió el suyo el cardenal Espinosa. Lo trazó Juan Bautista de Toledo, el mismo arquitecto de El Escorial, que no vio más que el comienzo de la obra, terminada en 1572. A despecho de lo que dijeran los neoclásicos, en cosa fría y triste, que cuadra bien con el genio de aquel cardenal, inquisidor y ministro de Felipe II, que murió de despecho por un fracaso político (tanta era su soberbia) y que, a lo que parece, tenía su parte de cristiano nuevo, de los que él mismo perseguía...

Pasan las generaciones. Ahora es el inquisidor Sarmiento Valladares el que levanta su palacio en Fefiñanes, Cambados (Pontevedra). Este edificio es más agradable; lo constituyen dos alas en ángulo, con torre al término de una de ellas, con balcones de ángulo también. No falta en el conjunto la iglesia o capilla, claro está; pero tampoco un jardín con escalinatas, belvederes y balaústres. Estos ejemplos (aunque fuera en escalas menores) los siguieron otros altos funcionarios del Santo Oficio cuando no gastaron fuertes sumas en labrarse sepultura suntuosa y artística.

Allá en el recóndito concejo de Salas, al noroeste de Asturias, en una iglesia de fundación propia, se halla el sepulcro de otro gran inquisidor conocido por muchas razones. Obra de gusto renacentista tardío, lleva dos inscripciones en castellano y en latín, en las que se resumen la vida y méritos del muerto. Dice así la castellana, mucho menos ampulosa que la latina: «D. O. M. Aquí yace el Ilustrísimo D. Fernando Valdés, natural de esta villa de Salas, hijo de D. Juan Fernández de Valdés y de Doña Mencia de Valdés, señores de la casa de Salas; que fue colegial de San Bartolomé de

Salamanca y del consejo de la Santa y General Inquisición. Sirvió al emperador D. Carlos V en Flandes y Alemania; tuvo los obispados de Orense, Oviedo, León y Sigüenza y la presidencia de la real Chancillería de Valladolid. Fue presidente del supremo Consejo de estos reinos, del Consejo de Estado, arzobispo de Sevilla e inquisidor general. Varón muy religioso y severo; perseguidor de la herética pravidad, y de la católica fe vigilante sumo, defensor docto, ejemplar, clemente y liberal, como lo mostró con gran magnificencia en las muchas, generosas y ricas fundaciones y dotaciones perpetuas de obras pías que dejó en su patria, en Oviedo, Salamanca, en Sigüenza y en Sevilla para gloria de Dios y bien común. Vivió años LXXXX: murió en Madrid a IX de diciembre de MDLXVIII, reinando Felipe II.» Esto es lo que creían de él los herederos del prelado muerto. Otros en trance de juzgar pensaron de modo distinto. El canónigo Llorente hace un retrato terrible de Valdés, al que consideró como principal responsable del proceso de Carranza, por celos, al no haber obtenido la mitra de Toledo: llega incluso a dudar

39

de que creyera en la inmortalidad del alma, dada la violencia de su odio senil; lo considera, además, sanguinario en extremo y corruptor del buen gusto en los estudios. Destituido como inquisidor en 1566 por el mismo papa (San Pío V), Valdés hace juego con su subordinado don Diego de Simancas, en cuanto a ordenancismo y violencia. Todo, sí, cubierto por un espíritu legalista que queda como simbolizado en algunos de los actos «menores» que se le atribuyen.

Por ejemplo, siendo obispo de Oviedo, hubo una plaga de ratones en su diócesis; y aquéllos fueron no sólo conjurados, sino también *procesados,* ahuyentándolos a lo más alto de los montes «a fuerza de censuras», según refiere Gil González en su *Teatro eclesiástico de Oviedo*. Otros autores negaron el hecho, y el padre Risco lo considera como obra de imaginación fabulosa. Pero dado lo que, en general, se conoce de procesos levantados a animales considerados como delincuentes en otras partes de Europa, no hay motivo mayor para dudar de que don Fernando fulminara contra los ratones como fulminó en particular contra los luteranos o los tenidos por tales, o como dispuso la praxis inquisitorial en sus famosas intrucciones, que vinieron a dar forma definitiva al «Derecho inquisitorial» y que todavía fueron objeto de grandes censuras por parte de algunos diputados liberales en las Cortes de Cádiz (antiguos empleados de la Inquisición), los cuales llegaron a afirmar que no habían tenido nunca autoridad legal, como cosa hecha por sí y ante sí por aquel gran inquisidor. Llorente se vio obligado a extractarlas para dar a sus lectores idea general del procedimiento inquisitorial; las ochenta cláusulas de que constan fueron la base del funcionamiento del Santo Oficio hasta su misma época. García y su continuador Argüelles no hicieron más que seguir al pie de la letra y comentar las instrucciones del arzobispo, que, modernamente, han sido objeto de algunos estudios con pretensiones de mayor objetividad.

Se asocia a la figura de Valdés —como he indicado— la de un hombre al que repetidas veces me he referido y que puede servir de *modelo* en la caracterización de los inquisidores de esta época. Me refiero a don Diego de Simancas, consejero de la Suprema desde el 22 de abril de 1559. Nadie puede negar que fue un jurista muy competente y hasta teórico digno de estima en cuestiones políticas, como lo atestigua su libro acerca de los mayorazgos y el que escribió acerca de la república (obra erudita y comentada incluso fuera de España por juristas de gran saber) u otras de un tecnicismo reconocido. Su tratado acerca de las instituciones católicas es uno de los más acreditados en la práctica inquisitorial, y el relativo a los estatutos de limpieza, en defensa del de la catedral de Toledo, obra que sentó doctrina para el futuro. Don Diego de Simancas, como jurista, se especializó en los aspectos del Derecho más problemáticos... Mas, por otra parte, su autobiografía nos lo pinta como a un ambicioso sin satisfacer, como envidioso de los honores y cargos públicos concedidos a otros, como soberbio en cuanto a los propios méritos y persuadido de que sus prejuicios era dogmas. Muy católico a su manera, que era la de otros españoles de su generación: una manera que le permitía criticar la posición de Roma frente al antes citado asunto de los estatutos de limpieza, que le permitía incluso hablar con cierto desdén de un papa como Pío V: de San Pío V. Mientras vivió en la capital del mundo católico estuvo siempre más atento a los negocios de España que a otra cosa, y a sostener también en materias legales la opinión más violenta. Escuchémosle: «Decíanme en Roma que ya era imposible en Italia remediarse ni castigarse el pecado nefando. Yo les respondí que no me parecía así a mí, sino que se atajaba si se ordenase y ejecutase que el muchacho corrompido que no le denunciase dentro de algún día después de violentado lo quemasen por ello, y desde niños lo supiesen y cobrasen aquel miedo (que ahora pasan ligeramente por ello) y no perdonar lo pasado...» Esta y otras concepciones semejantes debían chocar a muchos prelados italianos, y el obispo español (pues Simancas era obispo desde 1564) debía ser visto con una mezcla de ironía y de prevención en la curia romana, sin que se dejara de reconocer que era erudito.

Simancas se muestra poco paciente, manso y clemente (recordemos las virtudes exigidas al inquisidor) con un hombre que desde 1559 a 1576, en que murió (o aun después de muerto), fue su bestia negra: me refiero al arzobispo de Toledo, don Bartolomé Carranza de Miranda. Simancas intervino ya en su prisión y asistió a su abjuración y penitencia. Ni la muerte del anciano desdichado le conmueve, y viene a insinuar que murió impenitente y hereje: «Entretuve la causa del arzobispo de Toledo en tiempo de Pío V con los inquisidores de España que entonces me ayudaron. *Vencíla yo solo* en tiempo de Gregorio XIII con grandísima honra de España y especialmente del Rey Católico y del Santo Oficio, con lo cual he dado por bien empleados todos mis trabajos, aunque en esta vida no se me agradeciesen.»

Éste es el tono constante de la autobiografía, tono que justifica el que corriera la voz de que era de «terrible condición», voz que él quiso acallar, pintándose a sí mismo como ser independiente y libre, que no sabía engañar ni fingir.

Cada cual tiene de sí una opinión que, con frecuencia, no coincide con la que forman los demás. Hoy día vamos a poder leer con comodidad todas las piezas del proceso de Carranza. Vamos a saber si tenía razón Menéndez Pelayo y los que le han considerado como hereje, o si la tienen los que siempre le han defendido. Acaso lo que se saque en limpio de la lectura será simplemente que una tendencia *iluminista del arzobispo,* puesta muy de relieve por su rival en la orden, Melchor Cano, fue la primera causa de un proceso ruidoso, escandaloso y lleno de mala fe por parte de Cano (persona talentuda, pero de genio asperísimo, según reconocen sus mayores admiradores) y otros de los que testificaron contra el mismo. Salió una vez más a actuar la «hybris» intelectual ibérica, el deseo de lucir, de argumentar, de hundir al contrario. Todo esto lo representa mejor que nadie don Diego de Simancas, que en un momento dado incluso echa mano del argumento de que Carranza tenía «ruin gesto», paralelamente a como Menéndez Pelayo habló de lo antipático que le resultaba. ¡Bueno hubiera sido un Santo Oficio dedicado sólo a feos y antipáticos! Murió Carranza, volvió Simancas a España y apenas ascendió en su carrera episcopal, muriendo obispo de Zamora, después de haberlo sido de Ciudad Rodrigo y Badajoz.

Por delante le pasaron los arzobispados y los capelos, la presidencia de Castilla, el cargo de gran inquisidor. Cuando estaba confiado en que llegaba la hora de la gran recompensa, de la recompensa suprema, las esperanzas se desvanecían. El final de su autobiografía no es más que una larga enumeración de desengaños, un cúmulo de reflexiones amargas que quieren ser cristianas y que no lo resultan: una acumulación de pareceres ajenos también, de la que se deduce lo mucho que admiraban a Simancas grandes personajes y lo poco que le querían otros. Felipe II parece haberlo utilizado en Roma de 1567 a 1576 y parece haberse desentendido de él luego en España. Acaso al encontrárselo otra vez delante no le gustó su carácter, acaso no le adornaban las dotes de reserva que se necesitaban en su corte o no tenía otras necesarias para tratar con sus ministros. Don Diego, en suma, no parece haber sido un tipo ajustado a las reglas que establecen los tratadistas que hemos citado al hablar de cómo debe ser el inquisidor. Poco le faltó, en cambio, para ser un inquisidor de folletín. Claro es que la figura de Simancas no debe estudiarse sola, sino dentro de su medio social; y entonces queda como agregada, sumada a una masa de españoles que, empezando por el mismo rey, producían en Europa extraordinaria inquietud, mientras que dentro de España actuaban en plena conciencia no sólo de su hombría de bien, sino de su perfección, en un mundo en el que la herejía triunfaba, en el que ingleses, alemanes, holandeses y aun franceses vivían con una «libertad de conciencia» que aquí se reputaba escandalosa.

Esteban de Garibay, el historiador guipuzcoano ya citado, cronista de Felipe II, da muy cabal idea en sus Memorias del mundo de letrados y clérigos que hicieron carreras mayores o menores en torno al monarca y para los cuales el tribunal del Santo Oficio fue una institución esencial. El cronista, familiar desde la juventud, buscó una secretaría en el de Llerena para su cuñado Alonso de Montoya, y con este motivo describe las gestiones realizadas por él y sus valedores: he aquí una carrera «menor». Indiquemos otra cosa como complemento. El espíritu de denuncia reinaba en la época, de suerte que pocos pensaban que tal acción es vituperable en cualquier caso de conciencia; el mismo Garibay, que escribió unas Memorias exponiendo las excelencias de su familia y vida, da cuenta en ellas de cómo cuando la Inquisición prendió a un abogado sardo que trabajaba en el Consejo Real de Aragón, considerándolo gran hereje, recordó que un clérigo llamado Francisco, abad de Churruca, le había hablado de las sospechas que le producían las ideas de aquel abogado, al que denomina el doctor Segismundo, simplemente, y pareciéndole que el clérigo podría ser «buen testigo» en la causa, escribió a Madrid, a un fraile vasco calificador del Santo Oficio, llamado fray Juan de Alzolaras, indicándole esto. El fraile, a su vez, puso la carta en manos del inquisidor Valdés; éste la envió a los inquisidores de Toledo; los de Toledo, a los de Calahorra, y el 13 de mayo de 1565 éstos pedían a Garibay el nombre del clérigo en cuestión. Así, al fin, fueron el uno desde Plasencia y el otro desde Mondragón a cargar la cuenta del doctor Segismundo. Por lo demás, Garibay, como alcalde, y a la par familiar del Santo Oficio, llevó a cabo otras gestiones para prender a unos franceses caldereros, sospechosos en la fe y a los que la misma Inquisición de Calahorra tenía ya «fichados». España entera vivía en régimen de delación y sospecha para mantener aquel *orden* perfecto.

6. DERECHO Y PROBABILISMO

«Los Inquisidores deuen ser mas inclinados al tormento que otros juezes: porque el crimen de heregia es oculto y dificultoso de probar»... Simancas añade otra razón; porque la «confession del reo en caso de heregia», no sólo «es provechosa para la República, sino también para el mismo herege». Afirmado esto, los doctores se extienden en largas consideraciones acerca de los casos y circunstancias en que el tormento puede administrarse.

Y no falta alguno que lo describe con cierta delectación: «Y en estos Reynos los géneros de tormento que mas se usan, son: el primero de agua y cordeles, el segundo de garrucha, el tercero es el del sueño, el otro de ladrillo, y el otro de tablillas...» Este texto es de don Gonzalo Suárez de Paz, magistrado del tiempo de Felipe II, asimismo, el cual en lo de los tormentos era un extranjerizante, porque después de describirlos afirma que «el tormento del sueño que se acostumbra a la usanza de Italia, es muy mejor y por muy mejor estilo que el español...» No es cuestión de describir brutalidades. Sí hay que insistir en el hecho de que la eficacia del tormento se discutió desde muy antiguo: por lo mismo que resultaba demasiado eficaz, es decir, porque las gentes «cantaban» lo que se quería que cantasen y confesaban incluso culpas que se les atribuían y que no eran reales. Pero el caso es que en tanto duró el Antiguo Régimen duró el uso de aquella peculiar manera de aclarar los asuntos, y al fin quedó para muchos como uno de los rasgos de la justicia inquisitorial. A ello contribuyen bastantes relatos de personas penitenciadas, de propagandistas protestantes y judíos. Esto fuera de España, claro es. Pero dentro el que dio a las representaciones de torturas mayor fuerza fue Goya, ni más ni menos: su imitador en este orden, Eugenio Lucas el Mayor (1824-1870), las hizo ya sin conocimiento de la «realidad», con un criterio folletinesco, decimonónico, parecido al de Fernández y González u otro novelista por entregas de su misma época. Pero dejemos los melodramas románticos, pictóricos o escritos a un lado.

El tormento dio no poco que pensar a algún inquisidor. Pero aún más que el tormento, la índole de los testigos y la forma de testificar, porque aunque no se aceptaba en principio la testificación de enemigos capitales, de hecho la enemistad desempeñó un papel grandísimo en cantidad de procesos. Por otro lado, se admitían como testigos los excomulgados, criminosos, infames, cómplices, perjuros, herejes, domésticos, familiares, parientes, mujeres y menores. Se hacía una distinción entre testigo íntegro y testigo no íntegro. Discutieron los tratadistas acerca de si se debía o no aceptar el testimonio de menores de catorce años, próximos a la pubertad, y algunos dijeron que no, «quia impuberes regulariter lubricum habent consilium, quia aetas illa facilis est ad mentiendum, et quia eis iuramentum deferri nequit». Varios inquisidores españoles sostenían, en cambio, que los menores podían ser testigos. Los textos sobre Derecho inquisitorial de la época en que el probabilismo estuvo a la orden del día son de un gran interés, porque recogen las opiniones con el criterio propio de aquella doctrina, oponiendo las unas a las otras y dejando mucho lugar a la casuística. Algunos han sostenido que los casuistas bordaban sus distinciones en el vacío. Nada más inexacto en este y en otros casos. Son los pareceres de los inquisidores, consejeros, etc., los que resultan discrepantes en una serie de pleitos. Los textos legales recogen estas discrepancias. Hoy casi nadie los lee. La Inquisición está juzgada y no hay por qué volver sobre ellos. Mas vamos a recordar ahora otra carrera inquisitorial para hacer ver el interés de aquellos textos y la necesidad de que, como historiadores, seamos también un tanto casuistas.

7. El alcance de la discrepancia

Cuando Moratín publicó la relación del auto de fe de Logroño de 1610 hizo rechifla de los tres inquisidores que intervinieron en el proceso de las brujas y brujos allí castigados. No quedó mejor parado don Alonso de Salazar y Frías que sus dos colegas don Juan del Valle o Valle Alvarado y don Alonso Becerra y Holguín (que parece haber sido el *senior*). Sin embargo, entre el primero y los dos últimos hay una diferencia que tampoco puso de relieve Menéndez Pelayo cuando, tomando una posición opuesta a la del gran comediógrafo, dio como bueno todo lo que dicha relación contiene. He aquí el inconveniente que tienen siempre las historias y los juicios históricos escritos sobre libros y no sobre documentos más recónditos.

Poco sabemos de estos tres inquisidores.

Frey Alonso Becerra, Becerra y Holguín o González Holguín y Becerra, de la orden de Alcántara, presentó sus informaciones genealógicas el año de 1600 y parece era cacereño. Así, aquellas informaciones van referidas al tribunal de Llerena. Por su parte, don Juan del Valle Alvarado, de Ogarrio, las presentó al tribunal de Logroño en 1603. No constan en la documentación genealógica de la Suprema las pruebas de Salazar y Frías, pero parece que las hubo de presentar después, dado que figura en tercer término. Parece también que había ejercido algunos cargos curialescos antes de ser nombrado inquisidor, por intercesión del cardenal Lanfranco Margotti; durante diez años fue, en efecto, procurador de las iglesias catedrales y metropolitanas de España en Roma. Murió en Madrid, el año de 1635, siendo canónigo de Jaén y miembro de la Suprema. La actividad más importante de don Alonso se desenvuelve de 1610 a 1614. En 1610 había ya discrepado de sus colegas al votar en el proceso de las brujas. En otras palabras, don Alonso no creía en los cargos acumulados en él ni en lo dicho en la relación impresa. No creía porque consideraba nulas la mayoría de las testificaciones de *niños y menores,* incapaces de decir la verdad en aquellas circunstancias. No creía porque tampoco daba fe a los *viejos,* a las *mujeres,* en gran parte, y a otras personas notadas de *enemistad, ignorancia,* etc. Hace ya muchos años que publiqué el informe en que don Alonso hizo la síntesis de cuanto, con un edicto de gracia en la mano,

averiguó respecto a las brujas en tierras vascó-
nicas de 1611 en adelante. Aún me quedan por
publicar los informes que se hallan en el archivo de Simancas, más detallados y particulares.
Pero ahora lo que quiero es resaltar cómo el
secreto con que los inquisidores llevaban a
cabo sus tareas hizo que en algunas ocasiones
su actuación quedara sin eco durante siglos, al
menos en lo que se refiere a la opinión de gente
letrada. Por otro lado, la virtud de tal actuación queda demostrada por el hecho de que en
las provincias Vascongadas y Navarra (tierras
de España en donde se dieron los casos de brujería colectiva más parecidos a los de Francia,
Alemania, Austria y el norte de Italia), a partir
de la actuación de don Alonso de Salazar y
Frías, no volvieron a darse aquéllos. He aquí,
pues, una coyuntura en la que la práctica española de tener inquisidores que fueran juristas
más que teólogos dio un resultado notable. En
otras ocasiones pudo ser incluso perjudicial.
Ahora bien, cuando en un caso práctico se llega a discrepancias con el derecho más admitido, como la del licenciado Salazar y Frías, se
abre una brecha enorme en todo el sistema le-

gal, aunque por tal brecha tarden en entrar los enemigos de él. La brujería clásica de los siglos xv y xvi se forma en *función de unos códigos,* con el «Malleus maleficarum» a la cabeza. Basta con revisar los principios de estos códigos para que empiece a desintegrarse, y las objeciones no las podían hacer más que los inquisidores, al menos de modo efectivo.

8. El alcance de la jurisdicción inquisitorial

Resulta, pues, que don Diego de Simancas, gran jurista y letrado, obispo y funcionario de primera fila, aparece ante nuestros ojos actuando con violencia y pasión, mientras que don Alonso de Salazar y Frías, sacerdote de carrera más modesta y oscura, actúa en un negocio también menos brillante con discreción ejemplar, acaso con excesiva discreción. Las dos conductas podrían utilizarse para defender o atacar al Santo Oficio. Simpatizamos con don Alonso, nos molestan las arrogancias de don Diego. Pero acaso esto es lo de menos.

La cuestión es ver hasta qué punto el uno actuó dentro de un marco legal posible y sin extralimitarse, como jurista experto, y hasta qué punto el otro rebasó los dominios del derecho. A este propósito conviene que nos refiramos ahora a la polémica acerca de los efectos de la Inquisición en la cultura española.

«¿Se originó quizá la perversión y corrupción de nuestra ciencia y literatura —preguntaba Valera— de la ignorancia de los inquisidores? Nos parece que tampoco. En aquellos siglos —añade refiriéndose al XVI, sobre todo— el clero español sabía más que los legos y los inquisidores eran de las personas más ilustradas del clero español.» Tratemos de precisar. Según lo dicho, los inquisidores eran especialistas, legistas ante todo, y su cultura no era *general* —digo por mi parte—, de suerte que tal vez habrá que buscar en la susodicha especialización la raíz de muchos males. Cuando tenían que resolver problemas concretos que rebasaban sus conocimientos, es cierto que recurrían a quienes presumían que sabían de ellos; pero lo grave es estar habituado a aplicar leyes y penas (y penas tales como la del hábito penitencial, la vergüenza pública de la abjuración, la infamia consiguiente, dejando aparte los casos poco frecuentes de relajación al brazo secular) a asuntos en que la ley tiene y ha tenido siempre poco que decir, y pretender defender, ante todo y por encima de todo, la *autoridad* del tribunal. Tomemos otro caso concreto por vía de ejemplo. Allá por los años de 1530, en la Inquisición de Toledo hemos visto actuar a algunos inquisidores en asuntos de hechicería.

Estos inquisidores, Mexía, Yáñez, Vaguer, Ortiz, que se muestran moderados, por lo general, en el castigo de algunas mujeres de carácter violento y peligroso para su vecindad, intervienen también en un proceso de otro tipo: el del canónigo de Toledo doctor Juan de Vergara, uno de los mayores humanistas de la época, los hacen muy distinta figura en unos y otro, porque si ante las hechicerías actúan como magistrados simples y aun competentes en un negocio práctico, ante el humanista acusado de herético, y *mucho más culto* que ellos, mantienen la postura de defensores de la autoridad del Santo Oficio, pase lo que pase. Hay, pues, en un caso, el de Vergara, cierto abuso de autoridad, sumisión a una situación político-religiosa dada (y algo *distinta* de la de pocos años antes) y desprecio deliberado a la personalidad de un hombre eminente y soberbio, al que se quiere humillar. En los otros, indiferencia absoluta a la teoría de los jueces de brujas clásicos, los Institor, etc., y aplicación simple de un criterio parecido al de los jueces y magistrados civiles que castigan hechiceras y alcahuetas en Castilla desde época muy anterior al establecimiento del Santo Oficio. El tribunal condena a cien azotes a la mujer dada al diablo y se recrea acumulando culpas sobre un hombre que *ya no tiene valedores,* como *antes,* y al que hay que meter en vereda, y haciendo ver, por otra parte, incluso a los arzobispos de Toledo, que la Inquisición no se dejaba influir por su alta autoridad. Probablemente ni Fonseca ni Tavera, que fueron primados durante el proceso, creían en la culpa del canónigo humanista y escribieron a favor de él, pero los inquisidores habían de mantener su prestigio.

Aquello de «pescadero a tus besugos» o «zapatero a tus zapatos» puede aplicarse a los inquisidores. Cuando actúan como represores de ciertas costumbres (malas costumbres, podemos decir), cuando mandan azotar hechiceras, bígamos, falsificadores, engañadores de la conciencia popular en general, su actuación es regular, correcta dentro del marco de las costumbres e incluso benigna y beneficiosa; los magistrados civiles eran, a veces, más duros. Pero cuando actúan en los grandes momentos, la cosa se presenta distinta. Los procesos de los hebraístas de Salamanca, tanto como el de Vergara y otros intelectuales, prueban (en el mejor de los casos) que por muy escrupuloso que sea un jurista no es quién para dictar sentencia justa y precisa en un asunto como los que hicieron que aquellos hombres pasaran años en la cárcel, hasta que se les condenó o se les dio por libres. Las penas y los delitos se hallan discutidos y establecidos en tratados como los que se han utilizado ya. Pero la cuestión es establecer el delito, y resulta terrible que para aclarar si las proposiciones que hizo un hombre docto en libros o lecciones eran heréticas o no, tuviera que estar ese hombre cinco años en la cárcel y se escribieran montañas de papel, como pasó en el caso de fray Luis. No menos terrible también es que varios hombres famosos hayan muerto a raíz de proceso inquisitorial, y que desde la iniciación del proceso de Santa Teresa a su beatificación no pasen arriba de treinta y seis años.

¿Se imagina uno un tribunal de justicia en el que el juez sentencie en vista de calificaciones ajenas? Puede esto considerarse alguna vez como una precaución loable, como acto de prudencia excepcional. ¿Pero qué significa mecanizado, convertido en práctica habitual? Algo que podría degenerar y que degeneró en abusos y rutinas. Como degeneró en espíritu de soplonería y delación el de los españoles chapados a la antigua, que, aún a comienzos del siglo XIX, eran familiares o iban a hablar con éstos de los achaques religiosos del vecino. Chismografía más barata que la que recogen los archivos del Santo Oficio en sus últimos tiempos no puede imaginarla la comadre más enredadora.

9. EL INQUISIDOR, ENEMIGO DE LA INQUISICIÓN

No obedece a pura casualidad el hecho de que, por esta época, los enemigos más grandes que tuvo la Inquisición española fueran sacerdotes, y sacerdotes salidos de su seno. En 1794 era gran inquisidor don Manuel Abad La Sierra, al que se ha acusado varias veces de jansenista, el cual tuvo la idea de encomendar a un funcionario del Santo Oficio la redacción de una obra en que se expusieran claramente los vicios de procedimiento del mismo, para llevar a cabo reformas radicales. La idea de Abad respecto a la Inquisición, desde su puesto superior, era pésima. Durante el debate que hubo en las Cortes de Cádiz en 1813, que tuvo como consecuencia la abolición de la misma, hubo dos diputados del cuerpo eclesiástico, por lo menos, hostiles los dos a ella (y conste que uno trabajó en su seno varios años), que se refirieron al dicho Abad, quien afirmó varias veces que «ni había conocido la Inquisición ni la había temido hasta que fue nombrado Inquisidor General». Dijo esto Ruiz Padrón el 18 de enero de 1813 y lo volvió a repetir Villanueva el 20. Abad La Sierra era, al tiempo de su nombramiento, un hombre talludo, ya que nació en 1729. Otros muchos eclesiásticos de su época, entrados igualmente en años, vinieron a descubrir los mismos vicios inquisitoriales; puede afirmarse que en tiempo de Carlos IV el clero estaba dividido de una manera muy ostensible y que los acusados de jansenistas (y aún más que jansenistas) eran muchos, aunque no tantos como los llamados «ultramontanos».

El gran inquisidor Abad cayó en 1794 por presiones de otros altos dignatarios de la Iglesia, hostiles a su punto de vista, y fue recluido en un monasterio castellano. Le sucedió un prelado más afín a las ideas de la Roma de entonces: el erudito arzobispo de Toledo Lorenzana. Pero la época era difícil para que nadie triunfara del todo: ni los llamados jansenistas, de tendencia regalista, ni los ultramontanos. Pudieron los «ortodoxos» luego, a posteriori (en tiempos de Fernando VII e Isabel II), hablar de ataques contra el «clero» durante ella. La realidad es que del mismo clero partían muchas sugerencias e ideas contrarias al viejo espíritu del Santo Oficio. Durante el corto ministerio de Jovellanos, el mismo funcionario al que había encomendado Abad La Sierra la tarea revisionista, fue encargado de nuevo de recoger documentos que justifican no ya la reforma, sino incluso la abolición del Santo Oficio. Era este funcionario el célebre don Juan Antonio Llorente, nacido el 30 de marzo de 1756 en el pueblo riojano de Rincón de Soto. Desde 1782, poco más o menos, este sacerdote había abandonado las referidas ideas «ultramontanas», y su punto de vista en asuntos eclesiásticos era el de otros muchos españoles letrados de su época, y de antes, que en lo que a la Inquisición se refiere, por lo menos, no pudieron opinar con la autoridad que él tuvo y con el conocimiento que le dieron sus exploraciones internas. Llorente fue, en principio, un clérigo regalista más y contrario a las pretensiones de Roma. Pero no era lo mismo oponerse a Roma en la época de Carlos III o Carlos I que enfrentarse con la curia en tiempos de Felipe II y aun de Felipe IV; como no es lo mismo sentar principios *desamortizadores* en el siglo XVII que a comienzos del XIX. Llorente tuvo una vida azarosa en una época díficil. Comisario del Santo Oficio de Logroño en 1785, secretario luego de la Inquisición de Corte, fue expulsado de su cargo en 1801 como infiel o fautor de herejes (caso que se dio varias veces antes, pero de modo menos escandaloso, en relación con algunos altos funcionarios del Santo Oficio). De 1805 a 1808 trabajó al servicio de Godoy en diversos estudios histórico-políticos, y en 1808 abrazó la causa francesa de modo inequívoco. Así, pues, el 11 de marzo de 1809 fue llamado por José Bonaparte para participar en las tareas del Consejo de Estado y contribuyó no poco a la liquidación del Santo Oficio, decretada por Napoleón poco antes. Se le encargó escribir su historia, y en esta y otras empresas relacionadas con la vida del clero siguió sirviendo al mismo rey José.

Por esta época tuvo el doble privilegio de ser retratado por Goya y de que el retrato fuera de los sobresalientes entre los muchos que pintó el maestro. En una de las últimas obras acerca de éste, don Francisco Javier Sánchez Cantón alude al retrato «admirable del repulsivo canónigo apóstata don Juan Antonio Llorente, historiador y enemigo acérrimo de la Inquisición (¿1811?), que cuenta entre los cuadros más enérgicos y valientes de los pinceles de Goya». Sigue pues, el director de la Academia de la Historia la línea de Menéndez Pelayo al enjuiciar a nuestro personaje. Pero hablemos un poco más del retrato. Se halla en el museo de São Paulo, de Brasil; la faz de Llorente es tan «goyesca» que incluso se nos muestra como un individuo de la misma raza «celtibérica», navarro-aragonesa-riojana, del pintor. Grandes ojos, boca grande, nariz gruesa. En su media edad. Vestido de clérigo, con una cruz honorífica al pecho, pendiente de una gran banda. La fecha que se da al retrato es la de la cúspide de la carrera de Llorente como alto funcionario. Su «colaboración» con el rey José fue, sin duda, más abierta que la de Goya, cuyos ataques a la Inquisición y al clero en general no han hecho que se le estigmatice como a su amigo. No en balde era uno un genio y el otro un erudito de prosa burocrática. La suerte de los hombres es justa o injusta en su totalidad. En Madrid estaban, pues, hacia 1811, Goya, Moratín y Llorente puestos a secundar los designios napoleónicos, expresados de modo claro en lo que se refiere al Santo Oficio. Pero ha de advertirse también que sus escritos anti-inquisitoriales, así como los de Moratín, afrancesado como él, eran leídos y comentados por los patriotas del bando contrario en Cádiz, y contribuyeron no poco a la discusión de las Cortes, de que luego se habla más.

Salió Llorente de España con el ejército francés y llegó a París por el mes de marzo de 1814. Sin esperanza de perdón, vivió durante algunos años en aquella ciudad, desde la que escribía a sus amigos y familiares de España, demostrando un ánimo sencillo, cordial y resignado. El 28 de febrero de 1818, un diputado francés, Clausel de Coussergues, arremetió contra los refugiados españoles, afrancesados, indignos, según él, de ayuda, dados sus antecedentes políticos revolucionarios, bonapartistas y hostiles a la casa de Borbón; todas cosas ciertas, en verdad, pero junto a las que debía haber puesto otras consideraciones estrictamente patrióticas. Llorente replicó con una carta en nombre de sus correligionarios y los presentó como objeto permanente de la venganza de un tribunal perverso: el del Santo Oficio. A poco publicaba la historia de la Inquisición, que obtuvo un éxito inmenso y que fue traducida en toda España.

La obra fue objeto de una severa condena del arzobispo de París. A partir de este momento, su antipatía a la Iglesia oficial, «triunfante», toma un carácter más grave. En 1822 publicó en París mismo un libro muy violento contra los papas. Pero ya a fines de 1820, se dice, había recibido la orden de irse de Francia. El 5 de febrero de 1823 murió en Madrid, y murió a tiempo, porque su suerte no parece hubiera sido muy buena en la época del terror blanco. Los liberales de después le contaron siempre entre los suyos. Entre los católicos ortodoxos pasó a ser el símbolo del clérigo apóstata y traidor a su patria. Juicios como los de Ortí y Lara y Menéndez Pelayo lo atestiguan.

También se le atacó por otras razones (como enemigo de las libertades forales, etc.). En una de sus últimas obras pretendió demostrar que Gil Blas de Santillana es parte de una novela inédita de don Antonio de Solís. Publicó esta obra, poco feliz en verdad, en Madrid, el año de 1822, a la par que en París, pero aún en la edición española se dice morador en la capital de Francia.

La policía francesa de la época de Luis XVIII y de Carlos X se ocupó bastante de nuestro canónigo refugiado. En efecto, a 21 de octubre de 1822 se le acusaba de ser «espagnol revolutionnaire, et qui abuse évidemment de l'hospitalité qu'il reçoit en France, en s'occupant d'intrigues politiques»; se insiste en la necesidad de vigilarle e incluso se prevé la necesidad de reenviarle a su país. Pero la respuesta dada al prefecto de policía que llamaba la atención sobre Llorente indica que ya había pasado a España, aunque seguía en relación con el librero Eymery, de la rue Mazarine, el cual parece que había recibido una carta suya, dispuesto a ir a Madrid y fechada en Irún el 27 de diciembre. Llorente tenía su historia de la Inquisición y el retrato político de los papas en venta en casa de Eymery, así como en las librerías de Trentell y Wurtz, rue de Bourbon. Muerto ya el prefecto a 15 de marzo de 1825 se interesaba por una sobrina suya que vivía en la rue Coquillère, 1, viuda de un tal Robillot y madre de un muchacho de quince años. La dama Robillot parece que era enemiga acérrima del régimen vigente, ardiente, constitucional y negociante en objetos de moda, aunque en escala exigua. Según los informes, estaba encargada (por la *mujer* de Llorente mismo) de vender algunos manuscritos que aquél había dejado al morir, manuscritos políticos de tendencia liberal...; los libreros Bandouin y Bossange estaban en vías de adquirirlos, pero el agente de policía que informaba de todo esto indicaba también que si la autoridad lo deseaba podían comprarlos... No se sabe si los compró o no.

Estuvo, pues, toda la vida de Llorente condicionada por sus relaciones especialísimas con los gobiernos de Francia y España, y parece simbólico que, incluso después de muerto, sus papeles fueran objeto de especulaciones policíacas. Llorente, en la época de Carlos X, era a España lo que en Francia podía ser Grégoire: un rezagado, un superviviente del siglo XVIII. Después su figura ha cobrado nuevo relieve, sin embargo, cosa que no creo que haya ocurrido con la del abate francés. Pero Llorente no fue el monstruo que se ha dicho.

Llorente fue un historiador *aux gages,* con alma de funcionario público, de burócrata. Hombre de archivos, de muchos papeles y pocos libros; lo contrario de su mayor detractor, Menéndez Pelayo, que manejó infinidad de libros e impresos y muy pocos papeles de archivo para escribir los *Heterodoxos.* Inquisidor por oficio, conservó hasta el final de sus días algunos resabios del mismo oficio. Cuando en 1820 triunfaron los liberales españoles, publicó un folletito con dos diálogos, en uno de los cuales recomienda la vigilancia más estrecha (pública y privada) de los extranjeros, que en España pueden ser amigos del nuevo régimen y conspirar contra él; una vigilancia inquisitorial.

10. El último gran inquisidor del Antiguo Régimen

Llorente forma un raro contraste con el gran inquisidor que se hallaba en funciones poco antes de que los franceses entraran en España, el año 1808: con aquel don Ramón José de Arce, cuya memoria ha quedado muy oscurecida y sobre el que bien valdría hacer un estudio minucioso. Forzado el cardenal Lorenzana a dejar el cargo de gran inquisidor porque no se atrevió a empapelar a Godoy y porque éste descubrió, por conducto de Napoleón al parecer, una especie de trama urdida contra él por los arzobispos Múzquiz y Despuig, hubo de buscarse para que desempeñara el cargo un prelado que no fuera rigorista, como Abad, ni de tendencia excesivamente fiel a Roma, como Lorenzana. Godoy lo encontró entre sus amigos. Un sacerdote cortesano y bastante libre de costumbres, a lo que parece, compañero del ministro en ciertas aventuras; el favor le dio también la mitra arzobispal. Arce, en efecto, fue arzobispo de Burgos desde el mismo año en que le nombraron gran inquisidor (1797).

Pronto dio pruebas de benignidad en el cargo, como cuando Olavide, en 1798, quiso volver a España, arrepentido al parecer de las ideas que le hicieron ser condenado en plena época de las luces. Sin embargo, entre 1798 y 1808 no anduvieron faltas de trabajo las inquisiciones provinciales, más con asuntos de iludentes y milagreros que con otra clase de negocios; pero Arce, desde su alta magistratura, a la cabeza de la Suprema, tuvo varias actuaciones muy ajustadas y prudentes, según Llorente. Menéndez Pelayo, que lo consideraba lanzado a las *nuevas ideas* más que otra cosa, reconoció, no obstante, que, a poco de que llegara el célebre abate Marchena con las tropas de Murat a Madrid, dictó auto de procesamiento contra él. Antes otro abate no menos célebre, pero francés, el citado Grégoire, le dirigió una carta acerca de la Inquisición que fue objeto de muchas discusiones y réplicas. Pero Arce debía estar muy metido en su papel de contemporizador y secuaz de Godoy desde el principio, porque, a poco de ser nombrado gran inquisidor, se dio a conocer la célebre poesía de Meléndez Valdés en que, hablando del Santo Oficio, decía el poeta al ministro favorito, del que Arce era hechura, como va indicado, y favorito a su vez:

No lo sufráis, señor: mas, poderoso,
el monstruo derrocad, que guerra impía
a la santa verdad mueve envidioso.

Arce no ha dejado mayor memoria en la historia porque es figura que no corresponde a ningún *cliché* admitido. No puede ser usada por los apologistas del Santo Oficio y tampoco por sus detractores; como gran inquisidor «no da juego», es una figura terriblemente ambigua. Así resulta que su actuación debió de ser en un momento bastante comprometida, incluso en sus relaciones con Godoy, al menos si se cree a éste en lo que dice en sus Memorias acerca de las persecuciones urdidas siendo ministro de Justicia Caballero, personaje al que todo el mundo está de acuerdo en pintar como a un pícaro o perillán, pero un pícaro con ideas rancias. A Caballero atribuye Godoy el que la Inquisición avivara los procesos pendientes de Jovellanos y Urquijo y contra otros muchos personajes «acusados de jansenismo y de ideas perniciosas en materias políticas». Por perder a Jovellanos cayeron la condesa de Montijo, su cuñado el obispo de Cuenca (don Antonio Palafox), el de Salamanca, don Antonio Tavira, don Javier Lizana, el poeta Meléndez y otros. Dice, además, Godoy que él pudo hacer que se sobreseyera la causa contra los obispos, que se mitigara la pena de otros e incluso que a Llorente, al que el Santo Oficio miraba como doblemente culpable por sus escritos y opiniones, se le librara de un encierro de ocho años.

¿Cómo conciliar esto con otro datos? Llorente habla de aquellas persecuciones sin fijar bien las fechas, refiriéndose en bloque al reinado de Carlos IV, que duró veinte años y que tuvo épocas muy diferentes entre sí. En realidad, las inquisiciones provinciales debieron funcionar con el viejo espíritu en muchos casos, mientras que en Madrid se titubeaba o se atendía a presiones contradictorias.

Un militarcito francés, pariente lejano de la emperatriz Josefina, que llegó a Madrid poco antes del 2 de mayo y que fue preso en Bailén, en un diario publicado en 1933 habla de la Inquisición como de un organismo a manera de espantajo, con más fama que potencia. Él mismo viene a indicar que había una cantidad considerable de españoles que leían las obras de los filósofos, aunque, por otro lado, el pueblo era de religión supersticiosa. Otros testimonios son de la misma índole.

El inquisidor general actuaba atendiendo a sus compromisos sociales de palaciego. Arzobispo de Zaragoza en 1801, no solamente no estuvo en su sede arzobispal durante los sitios, objeto de tanto canto patriótico, sino que se hizo afrancesado, como también lo fue el obispo auxiliar de aquella archidiócesis, sacerdote más afamado que él por su virtud y letras.

Autores como don Vicente de la Fuente dicen que emigró ya en 1812. Si es así, es que era precavido. En todo caso, alcanzó larga vida, porque el mismo autor citado en último término fija la fecha de su muerte en 1845, y Menéndez Pelayo, más vagamente, indica que casi llegó a mediados del siglo, y alude también a su complicidad en los escándalos de Godoy, a que era comensal asiduo del mismo y sacerdote, en fin, que por medios nada canónicos y tales que don Marcelino no podía estampar había alcanzado aquellos altos puestos. Posiblemente hay un poco de exageración en las noticias que recogió de «los viejos» ultramontanos, uno de los cuales, hay que añadir, sería el mismo La Fuente. Pintaban aquéllos al reinado de Carlos IV como época vilísima, en que la heterodoxia triunfó. Otras personas, que en su edad madura recordaban la silueta del gran inquisidor, hicieron de él retratos menos cargados. Así, don Antonio Alcalá Galiano, que lo recuerda dos veces. Arce era, según este gran escritor y orador, un prelado cortesano, sí, privado de Godoy, es cierto, pero «no poco ilustrado, de modos corteses, blando y suave de condición». En los *Recuerdos de un anciano* pormenoriza más que en las *Memorias,* que es de donde se saca el juicio anterior. Indica en éstos que era instruido, de condición suave y, más que otra cosa, cortesano. Alude también a que allá por los años de 1806 o 1807, el pueblo decía incluso que «estaba casado»; tales eran los chismes que circulaban en torno a Godoy y los bienquistos de él. *«Se entretenía* —la Inquisición —dice, además, don Antonio— en perseguir y castigar a falsas beatas, inventoras de milagros, lo cual hacía con tanto mejor éxito cuanto que no podía pasar por hija de la impiedad o la incredulidad la pena dada.» Pero para las personas conocidas o distinguidas había otro tanto, según testimonio del mismo. Llegó a Madrid el joven Alcalá

Galiano en 1808 mismo, y, en trance de aprender inglés, llevaba en su equipaje un ejemplar de *The History of the Reign of the Emperor Charles V*. Al llegar a la aduana, dos inquisidores, uno benévolo y otro riguroso, se pusieron a examinar los libros del equipaje. No sabían inglés, y el severo se puso alerta. Alcalá Galiano tradujo el título, pero no dijo el autor del libro en cuestión. El inquisidor severo se dio cuenta de que era Robertson y de que, por lo tanto, el libro estaba prohibido. Total, que Alcalá Galiano lo entregó y después contó el asunto a su tío don Vicente, amigo de Arce, que a la sazón era, además de gran inquisidor y arzobispo, patriarca de las Indias. Poco tiempo después le devolvían el libro, aunque era menor y no tenía licencia para leer obras prohibidas. El muchacho fue a dar las gracias al gran inquisidor, quien con rostro y modos cariñosos se limitó a decirle: «¡Hola muchacho! ¿Conque lees esos libros? Pues ¡cuidado!» Sería esto durante los primeros meses de aquel año, pues antes de que estallaran los primeros episodios bélicos, el 23 de marzo de 1808, Arce «renunció» su plaza en manos del rey, y su majestad se la admitió «en quanto podía», dice un voto particular leído por el diputado Bárcena el 4 de enero de 1813, con motivo del debate iniciado en Cádiz, que trajo como consecuencia la abolición del Santo Oficio. Esta dimisión hay que relacionarla, sin duda, con la caída de Godoy y la abdicación de Carlos IV (18 y 19 de marzo). El nuevo rey, es decir, Fernando VII, no podía mirar con buenos ojos a Arce por muchas razones, dejando a un lado su odio a Godoy. En todo caso, Arce no era gran inquisidor ya cuando se afrancesó, como dieron a entender otros diputados constituyentes en el mismo debate y luego el mismo La Fuente, aunque lo fuera desde la entrada de los franceses en Madrid hasta el famoso motín de Aranjuez; es decir, muy pocos días. En efecto, en el discurso pronunciado por Ruiz Padrón el 18 de enero de 1813, atacando al Santo Oficio, se afirma que Arce era *aún* gran inquisidor: «porque es notorio —decía aquel diputado eclesiástico— que el actual inquisidor general, que es el señor Arce, se pasó a los enemigos y está declarado por la voz pública traydor a la patria, para honra y gloria inmortal de la Santa Inquisición». Algo de hostilidad personal debía haber en este juicio. En otro momento del discurso contra el Santo Oficio el mismo diputado había pronunciado estas palabras, acusatorias también: «Tampoco hablaré de la astucia y política que ha empleado en todos tiempos para sostener su dignidad. ¿Quién ignora que en *estos últimos años,* olvidándose del fin para que fue establecido, sirvió de vil instrumento al poder absoluto del Gobierno? ¿Quién ignora que se presentó a los caprichos y venganza del más infame y voluptuoso favorito de que habla nuestra historia? Este tribunal tan prepotente y tan terrible con los desvalidos no tuvo valor para hacer la causa a un malvado sin religión, a un monstruo compuesto de todos los vicios sin virtud ninguna, y permitió a la faz de la corte de un Rey católico no sólo hacer panegíricos de Godoy, sino colocar su imagen asquerosa sobre los altares, al lado de la cruz de Jesucristo...» Muchos sinsabores le costó este discurso a Ruiz Padrón; pero claro es que, por otra parte, Arce no tenía que esperar nada, triunfara quien triunfara, dentro del grupo de los patriotas que consideraban rey a Fernando VII. Arce cambió el cargo comprometido y desacreditado por otro cortesano-religioso cerca de José Bonaparte: Arce fue *grand aumonier du roi,* traducido al español.

En efecto, el marqués de Villa-Urrutia, que en cuanto surgía un asunto de faldas en la historia se ponía ojo avizor, indica en sus estudios acerca del rey José Napoleón que con él fue «Limosnero Mayor» nuestro don Ramón José, al que califica de «prelado hábil e intrigante» y que debía ascensos y dignidades a sus «condescendencias» con Godoy..., pero también a sus amores con la marquesa de Mejorada, y añade, para coronar el retrato: «Favorecióle en el nuevo [gobierno] su alto grado en la Masonería española, de la que era Gran Maestre el Rey José». Un gran inquisidor, arzobispo, masón y mujeriego. Es como para volverse loco. Pero otros testimonios confirman éste.

En una denuncia de actividades masónicas durante la ocupación francesa, hecha poco después de restablecida la Inquisición, se acusa a Arce, como arzobispo de Zaragoza no como gran inquisidor, de pertenecer a la sociedad secreta. También de sus amores con la marquesa, que, desterrada en Almagro mismo, le enviaba buenos dineros mensualmente.

Aún hemos de añadir un grave pecado más que, como sacerdote, se le imputa y que explica que no volviera a España con Fernando VII, como lo hicieron otros afrancesados. En otro libro del mismo Villa-Urrutia se da noticia de un papel de Arce dirigido a Godoy, en que le comunica una noticia que decía haber obtenido *bajo secreto de confesión* (o del *confesor)* de la primera mujer de Fernando VII, cuando era príncipe de Asturias, respecto a sus relaciones conyugales, y comenta: «a estas *condescendencias* con el príncipe debía el inquisidor general y patriarca de las Indias su rápida fortuna». He aquí sobre las otras tachas la de quebrantador de sacramentos.

Tomó el historiador diplomático las noticias respecto a los amoríos de Arce de la Forest, y aun indica que murió en 1844 y no en 1845, como decía La Fuente. Lo que se sabe también es que al constituirse la famosa junta de Aranjuez, primer órgano político de la independencia contra los designios de Napoleón, fue nombrado otro gran inquisidor para sustituirle, pero no tomó posesión. Y no fue Arce el único gran funcionario inquisitorial del partido afrancesado. En la ceremonia de proclamación del rey José, éste respondió con particular afabilidad a don Raimundo Ethenard y Salinas, inquisidor decano, al que dio excesivas confianzas respecto al futuro funcionamiento del Santo Oficio. Poco después, en Bayona mismo, el 22 de junio de 1808, propuso la abolición de aquél don Pablo Arribas, al que apoyó don José Gómez Hermosilla, propuesta que produjo una réplica alborotada de Ethenard mismo, que luego se pasó a los «patriotas»..., y sabido es que, al fin, fue Napoleón el que, por decisión propia y estando en Chamartín, abolió la Inquisición, después de haber tomado otras medidas que las gentes avanzadas de España habían preconizado tiempo atrás, con lo que vino a resultar que algunos se «afrancesaron» entonces, y ello sirvió para que posteriormente aquellas medidas se reputaran específicamente «afrancesadas»: sambenito terrible.

Entre la dimisión de Arce, que —como se

ha dicho— renunció a su plaza el 23 de marzo de 1808, y la abolición dictada por Napoleón en 4 de diciembre del mismo año, el Santo Oficio no pudo actuar en ninguna de las dos partes en que estaba dividida España, con un gran inquisidor a la cabeza, y la misma situación duró en la zona hostil a Napoleón, hasta que también se abolió en 1813. Las bulas de nombramiento de Arce, pedidas por una comisión especial de las Cortes de Cádiz en 1811, no se hallaron... El gran inquisidor posterior a la guerra de la Independencia actuó poco y al dictado de un grupo político absolutista dominante. Pero el Antiguo Régimen había muerto. Fernando VII, que restauró con gusto el tribunal al volver de Francia, no se atrevió a hacer lo mismo en 1823, aunque el 3 de febrero de 1815 había asistido a un despacho de la Suprema, y pocos días antes había dado la gran cruz de Carlos III al obispo de Almería, gran inquisidor a la sazón, en premio a su «humildad apostólica». La visita fue seguida de un almuerzo suculento, y el 17 de marzo se creaba una orden de caballería, con uso de venera, para los inquisidores exclusivamente. Pero todo esto no era más que «reconstrucciones del pasado». La Inquisición era odiada, sus ministros despreciados y el mismo rey llegó a temerles. El 9 de marzo de 1820 un decreto volvía a abolir la Inquisición. Cuando los liberales cayeron otra vez, en 1823, se alzaron voces que pedían su restablecimiento «para celar, aterrar y castigar», como recomendaban los señores del cabildo de Manresa, el 8 de diciembre. Cataluña y Valencia fueron teatro de una *reconstrucción* del Santo Oficio, a la cabeza de la cual estuvo don Simón López, arzobispo de la ciudad del Turia, quien por sí y ante sí constituyó una junta, de la que se nombró presidente y en la que formaron parte un antiguo inquisidor, el doctor don Miguel Toranzo; un fiscal, el doctor don Juan Bautista Falcó, y el doctor don José Royo como secretario. Éstos mandaron prender, juzgaron y sentenciaron al maestro don Antonio Ripoll y lo relajaron a la justicia secular, dándose el caso de que la sala del crimen de la audiencia de Valencia aceptara el fallo, de suerte que Ripoll murió en el cadalso a 31 de julio de 1826. Después de muerto, su cadáver fue metido en un tonel pintado de culebras y arrojado al río. El espanto que produjo esto en el mundo y la sorpresa que tuvieron las autoridades de Madrid fueron paralelos. Desde este momento Fernando VII no tiene tras sí a los absolutistas acérrimos que juzgaron a su hermano Carlos como único monarca posible para ratificar sus deseos. Pero esta época, en que dan la nota el ecónomo de Blanes, el padre Puñal, los miembros de la junta de Manresa y otros personajes por el estilo, tiene poco que ver con la anterior, y las juntas de fe en poco se parecen al Santo Oficio de los reinados de Carlos III y Carlos IV, que muchos añorarían probablemente.

Es ejemplar el hecho de que —dentro aún del Antiguo Régimen— el cargo desempeñado en tiempos por monjes más o menos fanáticos o más o menos geniales, como Torquemada o el cardenal Cisneros, y en otros por prelados-juristas o juristas-prelados, viniera a parar a mano de un hombre que, de joven, supo más de secretos de alcoba que de otra cosa y que de viejo se paseó por el París de Luis Felipe en compañía de su antiguo protector y compañero de lozanías, el Príncipe de la Paz. Murió

Llorente execrado por haber escrito lo que escribió. El inquisidor Arce, hidalgo del valle de Carriedo, buen mozo en la corte de María Luisa, arzobispo afrancesado y masón, no ha dejado tras sí huella alguna. Los de su linaje, el de los Arce Quevedo, levantaron una casa-palacio, que aún existe, en Selaya. Nadie diría que de aquella mansión, propia para extasiar a don José Pereda, pudo salir semejante figura, más novelesca, en verdad, que las de Pereda mismo, y tan poco de acuerdo con el canon inquisitorial, sea el de los tratadistas a quienes hemos escuchado antes, sea el de los que han trazado sombrías figuras de inquisidores, con Dostoyevski a la cabeza. Porque los unos nos dan la imagen del inquisidor perfecto, como hombres que creían que la Inquisición era una institución santa, y los otros nos dan la imagen o el arquetipo del inquisidor, según el juicio que tenían de la Inquisición, como tribunal odioso y execrable, los hombres del siglo XIX. Aún hay otras imágenes...

Cuando Jovellanos, siendo ministro de Gracia y Justicia, en 1798, informó a Carlos IV de lo que él creía de la Inquisición, afirmó que los inquisidores de su época eran unos ignorantes, que no podían juzgar sin los calificadores y que éstos lo eran también, «pues no estando dotados los empleos, vienen a recaer en frailes, que lo toman sólo por lograr el platillo y la exención de coro, que ignoran las lenguas extrañas, que sólo saben un poco de Teología escolástica y de moral casuista, y aun en esto siguen las encontradas opiniones de su escuela...». Ya no se trata de pasiones fuertes, sino de simple ignorancia y ramplonería de aquella ignorancia y ramplonería, que puso en solfa el padre Isla y que luego dio lugar a una porción de novelas —casi todas ellas soporíferas, en verdad— en que se censura la educación española desde distintos puntos de vista, como raíz de toda clase de males y debilidades, de prejuicios y estrecheces. Rejón y Lucas y Montengón son los autores más ilustrativos a este respecto.

11. Final

Se fundó la Inquisición española con el objeto primordial de reprimir las apostasías de los judíos bautizados durante los terrores del siglo XV. Se fundó con arreglo a procedimientos y fórmulas conocidas. Algún autor moderno parece haber confundido la actuación de los testigos y delatores en aquel momento terrible con el origen de los procedimientos mismos del tribunal como tribunal religioso. En todo caso, el derecho inquisitorial español no difiere, en esencia, del de otros países; lo que sí cambia es la calidad y la cantidad de los procesos. El Santo Oficio fue inexorable con los judaizantes en un principio. Después de quemar muchos, reprimió también con violencia los brotes de protestantismo. Fue severo en el siglo XVIII con los religiosos y clérigos de malas costumbres y terminó siendo una especie de tribunal de responsabilidades políticas, que asustó al mismo Fernando VII. Castigó a gentes por decir cosas que escandalizaban, y se mostró débil y obsequioso con el poder real en varios casos. Los inquisidores que llevaron

adelante el asunto de las monjas de San Pláci-
do no demostraron mucha cordura; tampoco
los que después pronunciaron sentencia contra el protonotario de Aragón. El Santo Oficio
dura más de tres siglos; pero tras las palabras
Santo Oficio o Inquisición hay más cosas de
las que se cree, como hay diferencias infran-
queables entre don Diego de Simancas, buen
letrado del siglo XVI, y don José Antonio Llorente, buen letrado de comienzos del XIX,
entre Torquemada y don Ramón José de
Arce.

Ahora bien, entre los extremos está la verdad; el término medio de los inquisidores lo
constituyeron hombres que aceptaron las cosas como se les presentaron y que ejercieron
aquel cargo como otros ejercieron el de corre-
gidor, o el de maestre de campo, o el de almi-
rante, y que lo desempeñaron mejor o peor,
hasta que el mismo cargo vino a resultar imposible de mantener, dígase lo que se diga. Ad-
viértase también que cuando los liberales de la
época constitucional, con el general Riego a la
cabeza, hablaron del Santo Oficio, hablaron
de algo que poco tenía que ver con el de la épo-

ca de Carlos IV o Carlos III. Una de las coplas del *Trágala,* canción hostilísima a los absolutistas y que cantaba aquel desgraciado general con sus amigos, dice:

> Se acabó el tiempo
> en que se asaba,
> cual salmonete,
> la carne humana.

Este tiempo se había acabado al momento de nacer los ardientes patriotas, poco más o menos; y desde los años de Felipe V no se hacían espectaculares autos de fe, con asistencia de reyes... Pero los coletazos del monstruo moribundo aún salpicaron sangre hasta muy tarde.

En el discurso que pronunció en las Cortes de Cádiz a 11 de enero de 1813 el jovencísimo entonces conde de Toreno, que es uno de los mejores de la discusión sobre la supresión del Santo Oficio, indica que en 1768 aún fueron quemadas en Llerena algunas personas de extracción humilde y una bruja, en Sevilla, en 1780. Esto, al parecer, lo tomó de un autor extranjero y que lo da al lado de testificación menos espeluznante.

El cuadro de la Inquisición a fines del siglo XVIII que da J. F. Bourgoing en su conocido libro, que es el autor seguido por Toreno, es de los más justos que ha podido formar un hombre «desde fuera». Aparte de detalles sobre la vida y proceso de Olavide y de alguna nota horrible, como ésta de la ejecución de varios pertinaces en Llerena el año de 1763, o de la quema de una sortílega y maléfica, que padeció aquella pena en Sevilla aún en 1780, viene a decir que, según su experiencia, el tribunal había perdido gran parte de su antiguo rigor.

Y en abono de esto cuenta un hecho del que fue testigo en 1784, en Madrid, donde había cierto mendigo que pedía a la puerta de una iglesia y que se hizo famoso porque dijo haber compuesto unos polvos que, administrados a la vez que se pronunciaban unas fórmulas y tomando posturas adecuadas, atraían a los amantes hastiados o a las mujeres insensibles. El mendigo tuvo una clientela ansiosa, y los engañados guardaron silencio en su mayoría; pero alguno denunció el hecho, y el mendigo, con ciertas mujeres asociadas a él como propagandistas, dio con sus huesos en la cárcel. Tras el proceso, llegó el día de la sentencia condenatoria, que hubo de leerse en la iglesia de los dominicos de Madrid, pese a los detalles obscenos que contenía. El mendigo fue declarado convicto de maleficio, profanación e impostura, y se le condenaba a prisión perpetua tras los azotes de rigor, dados en los lugares más conocidos de la corte. Las mujeres, que eran dos, fueron condenadas a pena menos rigurosa. Y luego salieron los tres culpables caballeros en asnos, con sus sambenitos cubiertos de diablos y otras figuras simbólicas y con la coroza en la cabeza. El hombre era grueso. La comitiva llevaba en vanguardia al marqués de Cogolludo, el mayor de los hijos del duque de Medinaceli, que presidía en calidad de alguacil mayor. Seguían otros grandes y títulos, familiares del Santo Oficio y oficiales del tribunal. La gente esperaba curiosa el castigo que «n'eut au reste, rien d'affligeant pour la sensibilité. Jamais sentence méritée ne fut exècutée avec plus de douceur», dice Bourgoing. De vez en cuando se hacía parar al mendigo montado en el asno, el verdugo apenas tocaba sus espaldas con el azote o vergajo y al punto una mano caritativa le daba a la víctima un vaso de vino para que reavivara sus fuerzas. «Il est à désirer —concluía Bourgoing— que le Saint Office n'ait jamais à exercer d'autres rigueurs.» En realidad, parece, por otros testimonios, que el Santo Oficio, en materia semejante, fue casi siempre de gran benignidad. Los herejes castigados con fiereza fueron los protestantes convictos y los pertinaces en mantenerse en la ley de Moisés después de bautizados. De todas maneras, el siglo XIX entero vivió maldiciéndole. Fuera de España y en España. Tuvo que llegar la reacción conservadora alfonsina y canovista, tras los desbarajustes de la revolución del 68, para que surgieran sus apologistas decididos..., que no han faltado hasta nuestros días.

Este ensayo constituye el primer capítulo de la re-
copilación de trabajos *El Señor Inquisidor y otras
vidas por oficio* publicada en la colección «El Libro
de Bolsillo» con el número 114.

∿

Otras obras de Julio Caro Baroja
en Alianza Editorial:

Las brujas y su mundo (LB 12)